Las historias

de Ricardo

por Juan Miguel López Ibáñez

Autor: Juan Miguel López Ibáñez

Editor: Bubok Publishing S.L.

Depósito Legal: PM 282-2009

ISBN: 978-84-92662-62-3

Tirada: 5 + POD

Gracias a todos aquellos que, de un modo u otro, me han enseñado a amar la Literatura.

A Inma por su ayuda para hacer las actividades.

UNA TARDE EN EL SUPERMERCADO

La madre de Ricardo se lo decía con voz firme. –Esta tarde, nada de juegos. Te vienes con nosotros a comprar al súper.

Ricardo no se lo podía creer. Había planeado bajar al parque a jugar con sus amigos. Y, de repente, *todo se venía abajo*.

-Pero, ¿por qué hoy? ¿No podemos ir mañana?

-Noooo, y ya sabes por qué -su padre le hablaba mientras recogía los platos del almuerzo. Mañana es domingo y está cerrado.

-¡Vaya rollo! Yo quería quedarme en el parque jugando con María y Alberto. Hoy tenemos partido.

Estaba claro que no iba a conseguir que sus padres cambiasen de opinión, así que *se resignó* y llevó su plato a la cocina.

Cuando bajó del coche, una vez que estuvo aparcado, salió rápidamente a coger un carrito. Ricardo siempre se sorprendía de lo grande que era aquel supermercado. La cantidad de personas que circulaban por el aparcamiento, que entraban y salían sin cesar, llamaba su atención; todos los pasillos, con los productos perfectamente colocados en las estanterías; el sonido de las cajas registradoras,...

-Mami, ¡cuántas cosas! En el cole nos han explicado cómo funciona una tienda, pero no me había fijado en la cantidad de cosas que hay. ¿Por qué están colocadas en... como se llaman...?

-El qué -le contestó su madre- ¿los *estantes*? Se llaman estantes.

-¡Eso! Que no me salía el nombre. Los estantes. ¿Por qué están colocados así?

-Si te das cuenta, en cada uno han colocado los productos que son del mismo tipo. Por ejemplo, allí delante están todas las bebidas. ¿Las ves?

Ricardo dirigió la mirada hacia donde señalaba su madre. -Sí, ¡las veo! Están las botellas de agua... los refrescos... los zumos...

-Exacto. Son todas las bebidas. Y cada una tiene su envase. El agua en *garrafas* de plástico. Los refrescos en latas...

Ricardo le interrumpió. -Y eso, ¿por qué?

-Muy sencillo -le dijo su padre. Cada bebida se envasa de forma distinta para mantener mejor sus propiedades.

-Sus quééé... porp... prop...

-Propiedades. Como cada bebida es distinta, el envase tiene que ser diferente. Como te decía mamá, el agua en botellas de plástico, transparentes.

Así, se puede ver que es agua pura. Los refrescos, como tienen burbujas, van en latas, para que no les dé el sol. Como los zumos, el tetrabrik los protege del sol y del calor.

De eso sí que me acuerdo. En clase, el profe nos ha hablado de que hay que proteger los alimentos del sol y del calor, porque se estropean más rápidamente.

-Muy bien, veo que te acuerdas –continuó su madre explicándole. Pero eso ocurre con todos los alimentos. Si te das cuenta, los envases son diferentes.

-Ya, ya. Es cierto. Se ven por todas partes. Aunque allí veo cosas que no están envasadas: las manzanas, las lechugas,…

-¡Claro! –le interrumpió su padre. Porque son productos frescos. Eso significa que los acaban de recoger del campo. Por eso se llaman frescos. Pero tienen un problema. Hay que consumirlos en pocos días, de lo contrario se estropean y no se pueden comer.

Ricardo comprendió la importancia del envasado. –Así, los alimentos duran más tiempo, ¿verdad? ¿Y hasta cuándo duran?

Su padre se echó a reír. –Buena pregunta, hijo. Mira, te lo voy a enseñar (cogió de un estante una caja de atún en conserva), si te fijas aquí, viene escrita una fecha. ¿Eres capaz de leerla?

Ricardo se fijó en lo que su padre le señalaba – Consumir perfe… preferentemente antes de fin de 2010. ¿2010? ¡Pero si estamos en 2008!

-¡Claro! –le contestó su madre. Pero eso quiere decir que puedes guardar la lata en la casa y comerte el atún el año que viene, que estará tan bueno como hoy.

-¡Guau! –exclamó el niño- ¡Qué pasada! ¿Y cuál es el alimento que dura más?

-Jajajajajaja –su padre volvió a reírse- ¡Vaya con las preguntas! Eso depende del tipo de alimento. Mira, vamos a hacer una cosa. Conforme vayamos cogiendo los productos que vamos a comprar te vamos a ir diciendo qué son y cómo están envasados. Y tú les miras la *fecha de caducidad*. Así, descubres cuál es el que aguanta más tiempo.

-¡Vale! –gritó Ricardo.

De modo que esa tarde descubrió las latas de conserva para el pescado; las botellas de plástico para el agua; el tetrabrik de la leche o los zumos; las cajas de cartón de las galletas; se fijó en la fecha de caducidad de los yogures;...

Aprendió a tener cuidado con los botes de cristal, a colocar las bolsas con fruta y verdura en el carro para que no se chafaran, a seleccionar el tipo de carne leyendo las etiquetas,...

Descubrió la procedencia de los alimentos. -Papi, si estas naranjas vienen de Valencia, ¿son valencianas? ¡Cómo la paella! ¡Mira! Esos tomates son almerienses. Y este trozo de queso es francés.

Se dio cuenta que había neveras para los productos que necesitaban frío. -¡Mira, mami! ¡Hay helados! ¿Y no se derriten?

Sus padres seguían riéndose con las ocurrencias de Ricardo.

VOCABULARIO

Debate en clase el significado de las siguientes palabras y expresiones que aparecen en la lectura. Después, escribe lo que significan:

- *Todo se venía abajo*:

- *Se resignó*:

- *Estantes*:

- *Garrafas*:

- *Fecha de caducidad*:

1.- ¿Dónde tenía que ir Ricardo con sus padres esa tarde?

2.- ¿Qué quería hacer Ricardo?

3.- Cuando estás en un supermercado, ¿dónde están colocados los productos?

4.- ¿Por qué cada producto está envasado de forma diferente?

5.- ¿De qué modo están envasados los refrescos?

6.- ¿Por qué se envasan los zumos en tetrabrik?

7.- ¿Qué son los productos frescos?

8.- ¿Para qué sirve la fecha de caducidad?

9.- SOPA DE LETRAS. Busca las siguientes palabras:
BRIK – CADUCIDAD - CARRITOS – ENVASE – ESTANTE – LATAS – PROPIEDADES – REFRESCOS – SUPERMERCADO – ZUMOS.

Z	A	B	S	U	P	E	R	M	E	R	C	A	D	O
U	D	E	F	P	R	O	P	I	E	D	A	D	E	S
A	H	C	A	D	U	C	I	D	A	D	R	I	J	K
G	E	N	V	A	S	E	M	N	Ñ	B	R	I	K	L
R	P	Q	R	S	T	H	W	Z	E	Y	I	A	Z	A
Z	D	E	F	L	H	E	S	T	A	N	T	E	S	I
U	W	A	Q	A	A	L	N	R	O	Ñ	T	B	W	Q
M	M	B	Y	O	L	T	E	P	R	I	O	H	O	S
O	P	O	K	U	T	Y	A	D	E	A	S	V	C	L
S	B	A	R	E	F	R	E	S	C	O	S	Z	Y	R

10.- Relaciona cada producto con su envase.

Refrescos	No tienen envase
Zumos	Latas
Verduras	Brick
Galletas	Garrafas
Agua	Latas de conserva
Pescado	Caja

2 EL ATRACÓN

El dolor de estómago era insoportable. Siempre le habían dicho que tuviera cuidado con las galletas, pero aquella tarde Ricardo se dio un atracón. De esa manera consiguió, aunque sólo fuese por un rato, olvidarse de la *frustración* por no poder jugar el partido. Tantas cosas ricas en los estantes del supermercado le abrieron el apetito de un modo que no le había sucedido anteriormente.

-¡Mami! ¡Me duele la tripa! –Ricardo miraba a su madre con las manos en la barriga.

-Ya te lo hemos dicho muchas veces, Ricardo –le replicó su madre. Pero no nos quieres hacer caso cuando te advertimos de algunas cosas. Comer galletas para merendar, con tu vaso de leche, está muy bien. Pero hoy ite has comido el paquete entero! Eso es una barbaridad.

Su padre entró al cuarto de Ricardo con la caja de galletas vacía. –Mira hijo, si tienes ganas de comer un par de galletas para merendar, perfecto. Pero es que esta tarde te has pasado de la raya. ¿Y sabes cuál es el problema? Que esta noche no vas a cenar, por el dolor de tripa y mañana por la mañana te levantarás con mucha hambre.

Ricardo se quedó *petrificado*. Esta noche no iba a poder cenar. –Te tomarás una manzanilla –le espetó su madre. De repente le dolía aún más la barriga. Toda la noche sin tomar nada. Eso era mucho tiempo y no tenía claro que pudiera soportarlo. De un tiempo a esta parte, se despertaba en mitad de la noche con un hambre atroz, aunque hubiera cenado a su hora. De vez en cuando se levantaba *a hurtadillas* a coger una galleta o un trozo de bizcocho.

Al rato, Ricardo salió de su cuarto y fue al salón, donde su padre leía un libro que habían comprado aquella tarde. Pocas veces Ricardo vio a su padre tan contento al encontrar un libro. –Llevaba mucho tiempo esperando que lo publicaran –fue su argumento para comprarlo. Si es tan bueno, ya me dejarás que lo lea cuando acabes –le contestó su madre.

–¿Te encuentras mejor? Parece que tienes mejor cara.

–Bueno, sí. Parece que ahora me duele un poco menos. Pero de vez en cuando me da, como un pinchazo, aquí en el lado.

–Eso es normal. De pronto tienes trabajando a todo tu cuerpo para ayudar en la digestión de tanta galleta.

Eso que le contaba a su padre le sonó raro a Ricardo. –Papi, una pregunta. ¿Pero la digestión no la hace el estómago?

Su padre cerró el libro. En ese momento supo que no iba a poder seguir leyendo en un buen rato. –Mira hijo, la digestión es un proceso que tiene lugar en el cuerpo. Dura mucho tiempo y en él intervienen muchos órganos. Cuando tú te comes las galletas y las masticas con los dientes, se pone en marcha toda la maquinaria del cuerpo...

A Ricardo eso le extrañó aún más. Como que "la maquinaria". Ni que tuviésemos tornillos y tuercas dentro del cuerpo. Pero decidió no preguntar nada y escuchar lo que su padre iba a decirle. Esa semana en la escuela habían estado hablando en clase sobre la importancia de saber escuchar antes de preguntar algo que no se sabía.

-...y cuando digo toda la maquinaria, me refiero a que en el interior del cuerpo tenemos muchos órganos que funcionan de manera coordinada. Cada uno tiene una misión específica que cumplir. Cuando te tragas las galletas pasan al estómago. Allí, como bien has dicho, se produce la parte principal de la digestión. Los jugos gástricos disuelven la comida para que se puedan aprovechar los nutrientes fundamentales. Cuando el estómago ha terminado su misión, la comida pasa al intestino...

Ricardo escuchaba asombrado a su padre. Recordaba del curso anterior algunas de las cosas que le contaba su padre. Pero eso de los jugos gástricos le seguía sonando a película de ciencia ficción. Como cuando un *alienígena* atacaba con líquido verdoso a los humanos. No podía estar hablando en serio. De modo que le preguntó.

-Perdona papi. Pero eso de los jugos gástricos no lo he entendido. ¿Cómo que tenemos en el cuerpo unos jugos que disuelven la comida? Porque si esos jugos se escapasen del estómago nos atacarían...

-Jajajajajaja –su padre le miró con cara de asombro. Creo que ves demasiadas películas, hijo.

En ese momento entraba su madre en el salón con la manzanilla.

-Mira, Ricardo, el estómago tiene una especie de piel en su interior que protege al resto del cuerpo del "ataque de los jugos gástricos malvados".

El tono que empleaba sonaba a *sorna*. –Todo es mucho más sencillo que eso que te estás imaginando. Cada parte del cuerpo está preparada para soportar el trabajo que les corresponde en la digestión de la comida. Por eso el estómago tienes esa piel especial.

-Pero para lo que no están preparadas es para aguantar la cantidad de galletas que te has comido. Por eso te duele la barriga. Porque tu estómago está lleno. Y va a tardar un buen rato en vaciarse. Tómate la manzanilla, que te ayudará.

Ricardo empezó a tomarse la manzanilla, despacito, porque quemaba mucho. Y volvió a la carga.

-Entonces, qué pasa con la comida cuando los jugos esos atacan.

-Te lo explico –su madre se sentó a su lado. Esos jugos, como te ha dicho tu padre, convierten los alimentos en una especie de papilla que pasa, del estómago al intestino, que está especializado en extraer las sustancias nutritivas de la comida, para que tu cuerpo funcione y crezca. Lo que no sirve, se expulsa al exterior por el ano, que es la parte final del intestino. Y eso es lo que harás esta noche antes de poder acostarte. Ir al baño a liberarte de lo que tu cuerpo no necesita. Y la manzanilla te va ayudar. Tómatela.

La verdad es que parecía cosa de magia. Pero poco a poco sentía que la barriga dolía menos. Y le estaban empezando a entrar ganas de salir corriendo al baño.

-Y la próxima vez que tengas tantas ganas de comer galletas, acuérdate de lo que te ha pasado hoy, y te controlas un poco.

<u>VOCABULARIO</u>

Debate en clase el significado de las siguientes palabras y expresiones que aparecen en la lectura. Después, escribe lo que significan:

- *Frustración:*

- *Petrificado:*

- *A hurtadillas:*

- *Alienígena:*

- *Sorna:*

ACTIVIDADES DE LECTURA COMPRENSIVA

1.- ¿Qué le dolía a Ricardo? ¿Por qué?

2.- ¿Qué iba a cenar Ricardo?

3.- ¿Qué estaba haciendo el padre en el salón cuando llegó Ricardo?

4.- ¿Qué es la digestión?

5.- ¿A qué se refiere el padre cuando habla de maquinaria del cuerpo?

6.- ¿Con qué comparaba Ricardo los jugos gástricos?

7.- ¿Por qué la piel del estómago es especial?

8.- ¿Qué sintió Ricardo cuando se tomó la manzanilla?

9.- Escribe una oración con cada una de estas palabras:

- Barriga:

- Galletas:

- Jugos gástricos:

- Manzanilla:

- Estómago:

10.- Relaciona con flechas cada parte del cuerpo con su función:

Estómago	Extraer las sustancias nutritivas de los alimentos
Dientes	Expulsar al exterior las sustancias de desecho
Intestino	Masticar los alimentos
Ano	Disolver los alimentos hasta convertirlos en papilla
Jugos gástricos	Lugar donde se acumulan los alimentos para ser digeridos.

3 <u>PEQUEÑOS DESCUBRIMIENTOS, GRANDES APRENDIZAJES</u>.

Ricardo seguía intrigado con lo que le había dicho su padre aquella noche. Lo de "la máquina del cuerpo" le aumentó las ganas de investigar cómo funcionaba su organismo por dentro. ¡Aquello sí que era un desafío! Y se puso *manos a la obra*.

Lo primero que hizo fue buscar en su mochila. Siempre había tenido la costumbre de leer los libros de clase, incluso antes de que le hubiesen explicado el tema correspondiente en el colegio. *Ni corto ni perezoso* comenzó a buscar información en los temas de su libro de Conocimiento del Medio. El tránsito de los alimentos a través del tubo digestivo ya lo conocía, pero volvió a repasarlo. Sobre todo llamaban su atención las ilustraciones que acompañaban al texto. De cuando en cuando sacaba su cuaderno de dibujo y copiaba alguna de las láminas. ¿El resultado? Bueno, unos días mejor que otros.

Aquella tarde, en concreto, se detuvo un buen rato en analizar las *vellosidades intestinales*. Las formas que observó le recordaron al instante a una vieja alfombra que guardaba su madre. Desde pequeño le había encantado caminar descalzo sobre esa alfombra. Las sensaciones del roce con aquellos bultitos con los que estaba confeccionada eran fantásticas...

-¡Ricardo! -le gritó su abuela-, ¡ponte ahora mismo los calcetines! Que vas a pillar un resfriado como sigas caminando descalzo por la casa.

No se había dado cuenta pero, *ensimismado* en sus recuerdos, Ricardo se había quitado las zapatillas y los calcetines mientras iba de su dormitorio al salón, a pasear por aquella alfombra tan especial.

-Lo siento, abuela. No me he dado cuenta. Estaba pensando en mis cosas y...

-¿Y por eso te has quitado los calcetines? No te entiendo hijo, la verdad que no consigo entenderte.

-Verás, abuela, te lo voy a explicar. Estaba leyendo un libro que hablaba de la digestión. Al llegar a los intestinos me he quedado impresionado con lo que ponía sobre las vellosidades intestinales, que es...

-¿Velloquééé...? Qué cosas tan raras os explican en el colegio.

-¡Abuela! Las vellosidades intestinales es una parte del cuerpo que hace que los nutrientes pasen a la sangre. Y así podemos alimentar a todo el cuerpo. Que es una de las funciones del sistema circulatorio.

-¡Ay, Ricardito! Tu abuela ya no se acuerda de esas cosas.

-Pues yo te las explico si quieres.

-Mejor lo dejamos para otro momento. Ahora me voy a sentar un poco en el sillón, a ver que ponen en la tele.

Ricardo se volvió al dormitorio a seguir investigando sobre la nutrición y cómo funcionaba toda "la maquinaria del cuerpo". Pasando las hojas del libro, llegó al aparato excretor. Siempre le habían dicho que funcionaban igual que un filtro, limpiando la sangre de *impurezas*. No le quedaba muy claro cómo se hacía, así que decidió apuntar la pregunta en un papel para, cuando volviese a clase el lunes, hablar con su profe.

¡Era fascinante! Se pasó leyendo un buen rato hasta que no pudo aguantar más y se fue al baño.

-¡Ocupado! –la inconfundible voz de su hermana-. Salgo en diez minutos.

¡¿Cómo?! ¡¡¡Diez minutos!!! No iba a ser capaz de aguantar tanto tiempo. Su madre siempre le había advertido que no esperase a tener muchas ganas para entrar al baño, que no era bueno. Entretenido con la lectura se había distraído más de la cuenta y ahora no podía aguantar más. Fue corriendo a la cocina, buscando una solución.

-¡Mami! Dile a mi hermana que salga pronto del baño, porque necesito entrar y me ha dicho que va a tardar ¡10 minutos! Y no puedo aguantar tanto.

-Siempre te lo tengo dicho, Ricardo. No hay que aguantar mucho las ganas de ir al baño, que eso no es bueno para tus riñones.

-¡Ya lo sé, mamá! Pero me he despistado leyendo y...

La cara de Ricardo no dejaba muchas dudas. Necesitaba vaciar su vejiga rápidamente, o iba a tener que hacérselo encima. Así que su madre fue al baño a hablar con la hermana. Logró convencerla no sin discutir a través de la puerta.

No le había dado tiempo a salir casi del baño cuando Ricardo se coló como un rayo, directo al inodoro.

-¿Ya estás contento? -Su hermana le hablaba con cierto tono de guasa-. Que sepas que, como vuelva a pasarte lo mismo, no te dejo entrar.

Pero Ricardo había aprendido la lección. No iba a cometer otra vez el mismo error.

<u>**VOCABULARIO**</u>

Debate en clase el significado de las siguientes palabras y expresiones que aparecen en la lectura. Después, escribe lo que significan:

- *Manos a la obra:*

- *Ni corto ni perezoso:*

- *Vellosidades intestinales:*

- *Ensimismado:*

- *Impurezas:*

<u>**ACTIVIDADES DE LECTURA COMPRENSIVA**</u>

1.- ¿En qué libro buscón información Ricardo?

2.- ¿Qué le llamaba la atención de los libros?

3.- ¿A qué le recordaban las vellosidades intestinales?

4.- ¿Por qué regañó la abuela a Ricardo?

5.- ¿De qué hablaba el libro que estaba leyendo?

6.- ¿A qué se parece el funcionamiento del sistema excretor?

7.- ¿Qué hizo Ricardo cuando vio que no podía entrar al baño?

8.- ¿Es bueno aguantar las ganas de ir al baño? ¿Por qué?

9.- SOPA DE LETRAS. Busca las siguientes palabras:
ILUSTRACIÓN – VELLOSIDAD – ABUELA – SANGRE – FUNCIÓN – IMPUREZAS – FILTRO – EXCRETOR.

A	I	L	U	S	T	R	A	C	I	O	N
F	B	C	A	B	U	E	L	A	D	E	F
I	G	H	I	E	X	C	R	E	T	O	R
L	V	E	L	L	O	S	I	D	A	D	J
T	K	L	M	N	Ñ	A	O	P	Q	R	S
R	T	U	V	F	U	N	C	I	O	N	W
O	X	W	Z	A	B	G	C	D	E	F	G
H	I	J	K	L	M	R	N	Ñ	O	P	Q
R	I	M	P	U	R	E	Z	A	S	S	T

10.- Relaciona con flechas cada órgano con su sistema correspondiente:

Vejiga   Aparato

Uretra   Excretor

Riñón

Corazón   Aparato

Arteria   Circulatorio

4   _EL ACUARIO_

Ricardo estaba entusiasmado con los libros que encontraba por casa. Recientemente, descubrió una enciclopedia de animales, en la librería del salón, realmente fascinante. En cada _tomo_ se explicaban las características más especiales de los animales que poblaban los rincones más insospechados de la Tierra: el desierto africano, las montañas nevadas del _Himalaya_, los prados de América, el bosque centroeuropeo... Incluso había un volumen dedicado, exclusivamente, a la fauna marina, donde se analizaban los seres que vivían en cada uno de los océanos del mundo. ¡Las fotos eran increíbles!

-Papi, cuando sea mayor me voy a dedicar a estudiar a los animales. ¡Quiero ser científico!

-Eso me parece estupendo, Ricardo. Creo que es una elección muy adecuada a tus inquietudes. Desde hace un tiempo vengo observando que eres un gran lector.

-Es que las fotos que vienen en estos libros son increíbles.

-Me alegro que te gusten. Mira, se me está ocurriendo una idea. ¿Qué te parece si la semana que viene vamos al Museo de Ciencias? Un compañero de trabajo me ha estado hablando de la exposición de animales marinos que hay. Es muy interesante, ¡han traído pingüinos de la _Antártida_!

-Pero los pingüinos se van a morir de calor aquí, papi.

-No te creas, hijo. Han fabricado una piscina especial para ellos. Es capaz de mantener la temperatura que necesitan. Qué me dices, ¿vamos?

Ricardo estaba emocionado. -¡Por supuesto! Voy a contar los días que faltan.

Dicho y hecho. Al fin de semana siguiente, como prometió, su padre llevó a Ricardo al Museo de Ciencias. Había una gran cola de gente, esperando para entrar a ver la exposición. En la fachada del edificio colgaba un enorme cartel que anunciaba todas las cosas que iban a poder encontrar en el interior: tiburones del *Índico*, peces tropicales, corales australianos y ¡pingüinos! No terminaba de creerse que pudiera haber esa clase de animales en un Museo. Tenía que verlo con sus propios ojos.

Cuando entraron Ricardo se sorprendió de lo grande que era. Dos plantas llenas de salas en las que, sobre grandes estructuras metálicas, descansaban enormes peceras llenas de animales y plantas acuáticas. Al lado de cada una, carteles explicativos sobre los tipos de peces, su origen y características principales.

-¡Eeehh! Mira papi. Aquí hay peces payaso, como los de la película. ¡Si han traído *anémonas* para que puedan esconderse! Casi con la cara pegada al cristal, Ricardo no perdía detalle de todas las cosas que iba descubriendo en cada sala.

-Vamos a la planta superior. Por lo visto, allí están los peces más grandes.

Conforme subían las escaleras, Ricardo descubrió un detalle que había pasado por alto. Allá, en la pared de enfrente, descansaban los huesos de un animal enorme.

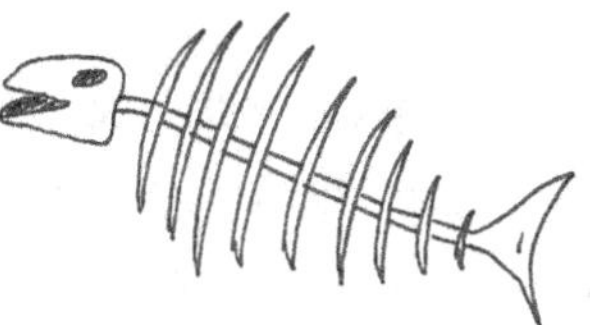

-Papi, ¿eso que es?

-El esqueleto de una ballena, hijo. ¿No te ha pasado alguna vez que, comiendo pescado en casa, te has atragantado con una espina? Las espinas son parte del esqueleto de los peces más pequeños. Los grandes, como las ballenas o los delfines, tienen huesos en su interior para darles forma y proteger sus órganos. Son animales vertebrados, como nosotros las personas.

-¿Y todos los animales que viven en el agua tienen esqueleto?

-Pues no. Hay otros animales que, para protegerse, tienen un caparazón, como los cangrejos, o una concha como los mejillones. Pero por dentro no tienen huesos. ¿No te comes los langostinos, las gambas o las almejas enteras cuando vamos, en verano, a comer a la playa?

Ricardo hizo un esfuerzo por recordar cuándo había comido esas cosas.

-Para mañana prepararemos un arroz con marisco y podrás ver con tus ojos todo esto que te estoy comentando. Pondremos mejillones, calamares, almejas y gambas.

Finalmente llegaron a la última sala de la exposición. Allí, dentro de una enorme vitrina, estaban los pingüinos. Habían preparado un gran espacio en aquella estancia. Al fondo, un terreno despejado por donde moverse y comer el pescado que les echaban, *de tanto en cuanto*, sus cuidadores. El hueco que quedaba hasta la cristalera estaba cubierto de agua para poder observar, con todo detalle, la rapidez con la que nadaban.

Ricardo se quedó más de 10 minuto dando vueltas alrededor de la habitación, mirando con atención todas y cada una de las cosas que hacían aquellos animales tan fascinantes. Su padre, mientras, se encargó de comprar algunas de las postales de recuerdo que vendían en una pequeña tienda que habilitaron en un lateral.

Aunque no las iba a necesitar para acordarse, el resto de su vida, de aquella mañana en el Museo.

<u>VOCABULARIO</u>

Debate en clase el significado de las siguientes palabras y expresiones que aparecen en la lectura. Después, escribe lo que significan:

- *Tomo:*

- *Himalaya:*

- *Índico:*

- *Anémonas:*

- *De tanto en cuanto:*

ACTIVIDADES DE LECTURA COMPRENSIVA

1.- ¿Qué libro descubrió Ricardo en casa?

2.- ¿Qué se explicaba en ese libro?

3.- ¿A qué se quiere dedicar Ricardo cuando sea mayor?

4.- ¿A dónde le quiere llevar su padre la semana siguiente?

5.- ¿Qué descansaban sobre grandes estructuras metálicas dentro del Museo?

6.- ¿Qué son las espinas del pescado?

7.- ¿Son las ballenas y los delfines animales vertebrados?

8.- ¿Qué tienen los cangrejos y los mejillones para protegerse?

9.- Relaciona con flechas.

Pingüino
Gamba
Mejillón   Animales
Ballena   vertebrados
Delfín
Pez payaso   Animales
Almeja   invertebrados
Cangrejo

10.- SOPA DE LETRAS. Encuentra los nombres de los animales del ejercicio anterior:

B	A	L	L	E	N	A	A	B	C	D	E
F	G	A	H	D	E	L	F	I	N	E	S
I	J	N	K	L	M	M	N	Ñ	O	P	M
Q	R	G	S	T	U	E	V	W	X	Y	E
Z	A	O	B	C	D	J	E	F	C	G	J
H	I	S	J	K	G	A	M	B	A	Ñ	I
J	K	T	E	G	Y	N	I	M	N	H	L
A	T	I	Q	G	V	D	S	O	G	F	L
P	I	N	G	Ü	I	N	O	U	R	V	O
X	C	O	B	G	M	N	U	J	E	T	N
W	T	Y	B	S	D	E	C	D	J	U	K
S	P	E	Z	P	A	Y	A	S	O	S	D

5 *EL MUÉRDAGO*

-¡Mami, mami! ¡Dos semanas para la Navidad!- Ricardo llegó a casa muy contento. Sabía que sólo quedaban quince días para finalizar sus clases y que después tendría casi otros veinte para disfrutar de unas merecidas vacaciones.

-Me parece estupendo, hijo. Quiere decir que para este fin de semana tendremos que ir preparando todos los adornos y decorar la casa. ¿Has pensado algo en especial que te gustaría poner este año?

-La verdad es que aún no lo había decidido, mami. ¿Qué te parece si este año ponemos un árbol de verdad, en lugar del de plástico?

-Ya sabes que no es conveniente, Ricardo. Acuérdate que hace unos años, cuando compramos uno, a tu hermana se le llenaron los brazos de ronchas. Debe tener algún tipo de *alergia* a los árboles.

-¿Alergia? ¿A los árboles? Yo tengo compañeros en clase con alergia a algunas comidas. Pero, ¿a los árboles?

-Claro, hijo. Cuando están cerca de árboles, o se rozan con las hojas y ramas, les salen ronchitas por el cuerpo que pican mucho. Es muy molesto y hay que llevarla rápidamente al médico para que le recete una pomada o alguna pastilla.

-Entonces va a ser que por eso papá compró un árbol de plástico. Para no molestar a Julia.

-Además, otra razón para comprar el árbol de plástico fue tu insistencia en cuidar el medio ambiente. Imagina que si, en cada casa de la ciudad, ponen un árbol de verdad, la cantidad de plantas y bosques que hay que *talar*.

-¡Uy! Con eso no contaba.

-No se pueden coger los árboles del campo. Hay que ir a *viveros* a comprarlos.

En ese momento entraba el padre a la casa.

-¡Papi! ¿Qué es un vivero?

-¿Ehhh?... Buenas tardes hijo. Esperaba que me saludases de otro modo, en fin. ¿Un vivero, dices? Un lugar donde se pueden comprar plantas, de todo tipo, para decorar la casa o un jardín. ¿A qué viene esa pregunta?

-Me ha recordado mamá que no podemos tener un árbol de verdad para la Navidad porque Julia tiene alergia...

-Es cierto.

-...y también me decía que no podemos cortar árboles del campo para traerlos a casa, porque así destruimos el medio ambiente...

-Muy cierto, hijo.

-...y que si queremos tener un árbol en casa para Navidad, hay que ir a comprarlo a un vivero, pero no tengo claro qué es eso.

-Verás Ricardo –terció su madre– un vivero es un lugar donde hay muchas plantas, que cultivan unos jardineros, para que familias como la nuestra pueda cuidar una planta en casa, sin tener que cogerla del campo. Esta tarde iremos al vivero que hay cerca del pueblo de tus tíos, a verlo y encontrar alguna planta para decorar la casa. ¿Te parece?

-¡Claro que sí! -Ricardo se emocionaba rápidamente casi con cualquier cosa, pero el descubrir nuevos lugares le daba más motivos si cabe.

Aquella tarde se fueron todos al vivero "Plantas Familiares" y, nada más llegar, Ricardo alucinó de lo grande que era: palmeras a la derecha; montones de maceteros a la izquierda; al fondo, un enorme huerto lleno de flores de colores,...

Los padres se dirigieron a la oficina de ventas. Allí hablaron con Damián, uno de los encargados. Ricardo seguía investigando, desde los cristales de aquella oficina, todos y cada uno de los rincones del vivero: margaritas, tulipanes, rosales, naranjos, limoneros,... En un extremo se encontraba una caseta de madera enorme, con un cartel sobre la puerta que decía "Venta de semillas". También pudo distinguir la zona que había habilitada para las fiestas, porque vio salir a tres familias con sus árboles navideños...

-Son pinos, Ricardo –intervino su padre-. En este vivero venden pinos, criados durante años, para que las familias puedan decorar su casa. En otros países del norte de Europa, donde hace mucho más frío que aquí, colocan abetos porque son los árboles que crecen allí. Hemos estado hablando con este señor y nos ha recomendado que pongamos *muérdago* en la puerta del salón.

-¿Muérdago? ¿Eso qué es?

Se acercó su madre, con la hermana de la mano, a explicar la historia a Ricardo. –Verás, hijo. Se cuenta que, en algunos países existe la leyenda de que quien da un beso a un ser querido bajo una rama de muérdago en Navidad tendrá buena suerte a lo largo de un año. Es una tradición que viene de Inglaterra y los Estados Unidos. Allí, en todas las casas, colocan ramas de muérdago en las puertas.

-Y como este año nos pedías una planta de verdad, hemos pensado que el muérdago es una buena solución.

-Además, puede ser una magnífica excusa para que investiguemos cómo celebran las fiestas en otros lugares del mundo.

Ricardo estaba encantado con la idea. Definitivamente, iban a ser unas navidades especiales.

<u>VOCABULARIO</u>

Debate en clase el significado de las siguientes palabras y expresiones que aparecen en la lectura. Después, escribe lo que significan:

- *Alergia:*

- *Talar:*

- *Vivero:*

- *Muérdago:*

1.- ¿Cuánto tiempo quedaba para las vacaciones de Navidad?

2.- ¿Qué iban a hacer en el fin de semana?

3.- ¿A qué tiene alergia la hermana de Ricardo?

4.- ¿Qué reacción alérgica tenía?

5.- ¿Dónde hay que ir a comprar los árboles de Navidad?

6.- ¿Dónde está el vivero donde va la familia de Ricardo?

7.- ¿Qué tipo de plantas había en el vivero?

8.- ¿Cuál es la leyenda del muérdago?

9.- Relaciona cada palabra con su definición:

alergia	lugar donde hay muchas plantas que se pueden comprar
vivero	reacción del cuerpo ante un objeto o una sustancia
muérdago	árbol navideño de gran tamaño que se emplea en el norte de Europa
abeto	planta decorativa que se coloca en la puerta de las casas por Navidad

10.- Escribe un breve texto donde cuentes cómo decoras tu casa por Navidad.